La durabilité est l'affaire de tous

La durabilité est l'affaire de tous

Alan AtKisson

Traduit par Jean-François Fillaut

Seconde édition 2017

Traduction en français 2020

Publication « Broken Bone Press »

Titre original en anglais : *Sustainability is for everyone*

Copyright © 2013, 2017, 2020 Alan AtKisson

Tous droits réservés

ISBN: 978-0-9911022-9-7

DÉDICACE

En mémoire de Donella Meadows,
avec qui j'ai eu la chance
de nouer une belle amitié.

SOMMAIRE

Préface à la seconde édition

Qu'adviendrait-il si des représentants du monde entier se rassemblaient, le temps d'un instant, et s'accordaient sur une vision positive du futur ? Une vision qui inclurait une eau propre et un air pur, qui préserverait toute forme de vie terrestre ou marine, qui stabiliserait le climat mondial, qui s'assurerait que chaque femme et chaque homme sur cette planète puisse subvenir à ses besoins – alimentation, santé, travail décent, libération de toute forme de pauvreté ou d'inégalité, et la capacité à se projeter vers un futur souhaité ? Tout en ayant l'assurance que ses enfants, et les enfants de ses enfants, puissent aussi regarder vers demain avec espoir et optimisme ?

Cet instant a eu lieu le 25 septembre 2015 à New York, au siège des Nations Unies.

Ce jour-là, les représentants de 193 nations se sont mis d'accord pour adopter un document remarquable qui inclut une telle vision. Cette dernière, peu poétique, s'intitule « transformer notre monde : le Programme de développement durable à l'horizon 2030 ». Mais le contenu de cet accord est beaucoup plus réjouissant que le titre.

En réalité, l'Agenda 2030 va bien au-delà d'une simple vision. Il comprend un ensemble de 17 objectifs spécifiques et détaillés – les « Objectifs de Développement Durable » ou ODD – sur lesquels toutes les nations se sont engagées. Les ODD sont censés être atteints en 2030, et parmi ces 17 objectifs vous pourrez trouver tout ce que je viens de mentionner plus haut.

Cette vision sera-t-elle atteinte ? Cela ne dépend que de nous. L'Agenda 2030 précise très clairement que les gouvernements ne pourront pas tout porter à eux seuls. A vrai dire, les gouvernements *ne peuvent pas* le faire seuls. La transformation attendue pour rendre possible cette vision souhaitée ne peut être accomplie que si le monde entier travaille véritablement de concert : « Le monde entier » c'est-à-dire vous, moi, nos proches, ainsi que chaque ville, entreprise, école, université, organisation, institution, ou toute autre structure.

Quand j'ai écrit ce petit livre pour la première fois courant 2013, la simple idée que le monde entier puisse s'accorder sur une telle vision positive et engageante n'était justement qu'une vision. Beaucoup pensaient que les ODD seraient un rêve impossible. Les négociations furent difficiles, les problématiques ardues. Pendant près de trois ans, des milliers de personnes se réunirent.

Mais ces personnes ont réussi. Il serait plus juste de dire, *nous avons réussi*, puisque les personnes rassemblées aux Nations Unies en 2015 étaient représentatives de toutes les nations sur Terre. Finalement, elles représentaient toute l'humanité.

Quand j'ai rédigé ce livre, j'écrivais d'abord et avant tout aux membres de ma profession – ceux dont la durabilité est un métier à part entière. A ma grande surprise, le livre est devenu populaire auprès de gens éloignés de cette profession.   A ce jour, plus de 20 000 exemplaires ont été vendus. Certains ont même acheté des centaines voire des milliers d'exemplaires pour les distribuer à leurs employés, leurs étudiants, collègues ou amis. Ils semblent utiliser ce livre comme une sorte d'introduction à la durabilité – ou parfois, comme une petite dose d'inspiration pour aider à mettre l'accent sur le grand objectif caché derrière nos petites vies.

Parce que l'objectif de la durabilité, et celui de l'Agenda 2030, est assez simple à appréhender mais d'une ampleur qui nous dépasse. Il s'agit tout simplement de faire du monde un endroit meilleur, dans tous les sens du terme. D'éviter les catastrophes environnementales, sociales et économiques. De s'assurer qu'un futur souhaitable – pour tout le monde, dans le monde entier – ne reste pas au stade d'une belle vision mais devienne réalité.

L'Agenda 2030 et les ODD, qui ont été créés par des représentants du monde entier, sont adressés au monde entier. Ils contribuent à nous rapprocher de ce futur souhaitable. Mais le chemin est encore long. C'est pourquoi j'ai décidé qu'il était temps de publier une seconde édition de ce petit livre. Parce qu'aujourd'hui, plus que jamais, et pour un certain temps encore : la durabilité est l'affaire de tous.

— Alan AtKisson
Stockholm, été 2017

Avant d'aller plus loin...

Imaginez un ami d'enfance, avec qui vous êtes resté en contact à l'âge adulte. Vous étiez très proches, et cela vous a troublé lorsque cet ami a commencé à fumer. Puis cet ami s'est mis à fumer de plus en plus, et à boire. Dernièrement, votre ami est devenu accro aux jeux de hasard, et il vous a demandé de lui prêter de l'argent. Vous imaginez la suite : cela ne peut plus durer. A un certain moment, son équilibre personnel ou familial finira par atteindre un point de rupture. Les conséquences pourraient s'avérer tragiques. Alors vous voulez intervenir, d'une manière ou d'une autre. Vous voulez aider votre ami à repartir sur de bonnes bases, et à vivre mieux.

En un mot, vous souhaiteriez que la vie de votre ami devienne plus *durable*.

Et c'est justement ce que signifie la durabilité, dans son acception la plus basique : un mode de vie – pour les individus, les familles, les communautés, les entreprises, les nations, et jusqu'à notre civilisation – qui ne semble *pas* inévitablement voué à la catastrophe. Un mode de vie où nos besoins et nos attentes, en tant qu'êtres humains, ne sont pas en conflit avec la préservation de la nature et l'équilibre des écosystèmes. Un mode de vie où les ressources sont utilisées correctement et où les risques majeurs les plus flagrants sont évités. Un mode de vie pérenne pour les générations à venir, qui donne à chacun sur cette Terre une chance d'apprécier la vie, tout en contribuant au bien commun.

En résumé, c'est la vision de la durabilité. Les personnes qui travaillent dans ce domaine – que ce soit des professionnels, ou qu'ils soient tout simplement impliqués dans des changements positifs indépendamment de leur profession - ressentent ce qui vient d'être évoqué ci-dessus, par le biais de cette personne qui veut aider son ami à trouver un meilleur équilibre de vie. Regarder passivement toutes ces tendances négatives perdurer, sans intervenir, est tout simplement impensable.

Si vous ressentez cela vous aussi, ne serait-ce qu'un petit peu, alors ce livre est pour vous.

A propos de cet ouvrage

Le but de ce petit livre est de vous inspirer.

Je travaille dans le domaine de la durabilité depuis environ 30 ans. Cela commence à dater, et j'estime avoir passé beaucoup de temps à promouvoir la vision et la pratique de la durabilité. J'ai réalisé des centaines de discours, d'interventions et d'ateliers dans plus d'une cinquantaine de pays ; j'ai créé des outils (qui sont aujourd'hui diffusés dans de nombreux pays) et des méthodes pour déployer cette durabilité ; j'ai formé des centaines de professionnels afin qu'ils deviennent des « agents du changement » ; j'ai publié des livres et des articles ; conseillé des grandes entreprises, des gouvernements, des villes, des ONG, des organisations internationales dont les Nations Unies. J'ai même écrit des chansons sur la durabilité.

En 2013, j'ai été élu au « Panthéon de la Durabilité » (Sustainability Hall of Fame™), par la Société Internationale des Professionnels de la Durabilité (International Society of Sustainability Professionals – ISSP).[1]

Pour marquer l'occasion – les organisateurs m'avaient demandé de partager des expériences inspirantes – j'ai écrit ce petit livre. Celui-ci est un « essai », à prendre au sens d'une « tentative ». A vrai dire, j'ai tenté de compenser le fait de ne pas me sentir véritablement digne d'une telle

---

[1] J'ai été très touché et honoré par cette distinction – même si je note que l'expression "Panthéon de la Durabilité" ressemble à un bel oxymore. La durabilité n'a pas grand-chose à voir avec la célébrité et les paillettes. Mais je remercie profondément le jury de l'ISSP de m'avoir convié auprès de personnalités dont le travail et la vie m'ont fortement inspiré ; et je reconnais humblement que je n'aurais jamais reçu cette distinction si je n'avais pas eu la chance, professionnellement et amicalement, d'être au contact de certains des "esprits durables" les plus brillants de la planète, en particulier les fondateurs et les membres du Groupe Balaton.

distinction. C'est vrai, j'ai passé beaucoup de temps sur ces questions mais je ne suis pas le seul, et il reste tant de choses à faire. Via ce livre, j'ai essayé d'écrire quelques mots sur le passé, le présent et le futur de la durabilité. L'emploi du « je » permet d'entremêler les pensées, les sentiments, les réflexions et les recommandations, de manière tout à fait personnelle.

L'essai est également un support adapté pour partager des avertissements et des regrets.

Pourquoi évoquer des avertissements et des regrets dans un livre qui tend à vous inspirer ? J'ai pu rencontrer certaines situations délicates dans ma vie professionnelle, et je serais ravi de vous aider à les éviter. Je souhaite partager à la fois les bonnes pratiques et les fausses routes ; souvent, il y a plus à apprendre des échecs que des succès.

Mais surtout j'ai un message à faire passer, et j'ai besoin de vous pour le faire passer.

Voici le message principal de ce livre :

La durabilité est l'affaire de tous.

C'est une affirmation très basique, mais elle a de profondes implications. Au cours des dernières décennies, la durabilité – et tout un tas d'autres concepts s'y rattachant – a été considéré comme un sujet brûlant par un cercle restreint de chercheurs, dirigeants, militants, enseignants ou consultants particulièrement engagés. Et depuis le lancement officiel du concept de « développement durable » en 1987 - par le biais d'une Commission des Nations Unies présidée par la Première Ministre norvégienne, Madame Gro Harlem Brundtland – ce sujet brûlant a lentement rassemblé de plus en plus de personnes autour de son foyer.

Lorsque les « vieux de la vieille » comme moi observent ce qui se passe aujourd'hui, ils ressentent un vrai sentiment de plénitude à voir autant de monde réuni autour du feu de camp. Comparé à l'ancien temps, la foule est immense.

Mais cet engouement pose question. La durabilité ne doit pas être traitée à part, réservée à un cercle de personnes engagées qui se comprennent entre elles. La durabilité n'est pas une chasse gardée réservée à quelques-uns.

La durabilité est l'affaire de tous.

La durabilité signifie faire fonctionner le monde. C'est l'affaire de tous. Et cela signifie qu'il est temps pour nous de quitter ce rassemblement autour du feu de camp, de prendre avec nous la flamme de la durabilité et de la transporter aux quatre coins du monde.

De la prendre avec nous, partout.

Ce livre présente quelques idées et suggestions sur la manière de rendre la durabilité plus accessible, sans la dénaturer ou la vider de son sens. Le livre amorce une conversation et contribue au renforcement d'une tendance déjà existante : l'intégration d'une pensée et d'une pratique durables au quotidien, dans tous les domaines de la vie.

Pour tous les professionnels de la durabilité, c'est le but ultime. Si l'on jette un coup d'œil en arrière, une longue distance a déjà été parcourue. Si l'on regarde devant nous, le chemin est encore long et il reste pavé d'obstacles. Parmi ces derniers, l'un est de taille : la durabilité en elle-même n'est pas simple à transmettre, et tout le monde ne sait pas forcément qu'il en a besoin.

Mais de plus en plus de personnes savent, ou du moins ressentent, qu'elles en ont vraiment besoin. Le monde entier a besoin de durabilité, et vite. Voici quelques idées sur la façon de surmonter l'obstacle et d'aller déployer la durabilité de manière plus effective dans ces endroits où elle semble la plus nécessaire.

La durabilité ne doit pas rester entre nous — nous, les personnes qui nous auto-identifions comme des « personnes durables » — puisque c'est l'affaire de tous.

Et si la durabilité s'invitait lors d'une soirée

Si le monde était une fête, la durabilité serait la cousine « *sympa mais un peu coincée* » ; d'ailleurs, elle n'a pas été invitée à la soirée, non que personne ne l'aime, mais parce que tout le monde suppose que la soirée n'est pas en phase avec son style. Ou bien qu'elle *n'aime pas* faire la fête. Ou encore, qu'elle ne sait pas faire la fête.

Mais si tout le monde prenait conscience de ce que la durabilité peut apporter, elle serait invitée à *toutes* les soirées : non seulement on la trouverait très amusante, mais elle y apporterait un vrai plus.

A vrai dire, la durabilité n'est rien de moins que *l'énergie vitale de la fête*. Sans durabilité, la soirée pourrait se transformer en cauchemar.

Passons donc en revue, de manière générale, quelques points liés au travail sur la durabilité. Par ce biais, nous verrons qu'il s'agit d'éléments essentiels à de nombreuses professions, que l'on soit gestionnaire, industriel, enseignant ou fonctionnaire, pour n'en nommer que quelques-unes.

Lorsque les gens comprennent l'intérêt qu'ils peuvent tirer de la « durabilité », ils s'impliquent naturellement.

Une approche systémique. Qui sait combien chacun d'entre nous a besoin de l'approche systémique, dans ce monde complexe et interconnecté. La capacité à comprendre les grandes lignes d'un système – c'est-à-dire les stocks, flux, délais ou autres boucles de rétroaction, tout cela en interaction avec nos choix individuels et les effets d'entrainement qui découlent de nos décisions – devrait être une exigence universelle d'éducation (un conseil, lisez le livre de référence sur ce sujet, en anglais : *Thinking in Systems : a Primer* – par Donella H. Meadows, 2008 – édité par Diana Wright aux éditions Chelsea Green. Ses écrits sont toujours un excellent moyen pour débuter sur le thème des

Et si la Durabilité s'invitait lors d'une soirée !

systèmes).

Le terme « pensée systémique » semble ardu, mais à vrai dire c'est plutôt amusant. D'excellents jeux de rôle (par exemple, la référence « *The Systems Thinking Playbook*[2] ») existent autour de la pensée systémique, et sont très utiles à l'école ou dans le milieu professionnel... mais aussi

---

[2] *The Systems Thinking Playbook*, par Linda Booth Sweeney et Dennis Meadows, publié par Chelsea Green en 2008. Ces jeux éducatifs sont excellents, faciles à apprendre et à animer...et ils pourront avoir un beau succès lors d'une soirée !

lors d'une soirée !

En outre, la perspective systémique peut être joyeuse, dans la mesure où elle apporte un réel plaisir intellectuel[3]. Se demander « quelle en est la cause ? » ou « quel impact en découle ? » peut mener à des pistes infinies de découverte et de meilleure compréhension.

La pensée à long terme. Ici, la « pensée » n'est pas un mot vide ou flou. La pensée à long terme implique la capacité à lire les tendances, analyser les données, élaborer des stratégies et planifier les résultats souhaités. La pensée mérite d'être acclamée ! La durabilité en impose sur la piste de danse, et renforce la capacité de tous à s'attaquer à des problèmes difficiles. Grosse valeur ajoutée !

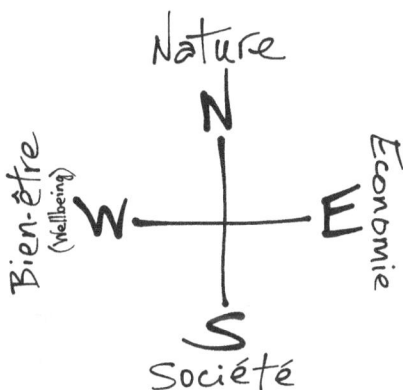

Une nouvelle boussole. La durabilité aide les gens à se préoccuper de la qualité environnementale, de la productivité économique, des problèmes sociaux et de gouvernance de toute sorte, et du bien-être de chacun, tout cela en même temps. Il y a longtemps, j'avais été frappé par le fait que les quatre dimensions de la durabilité (telles qu'Hermann Daly les avait identifiées à l'origine, voir ci-dessous) correspondaient précisément à une boussole : N pour Nature, E pour Economie, S pour Société et W pour

---

[3] Je crois que le plaisir intellectuel fait partie de la fête. Bien sûr, certains passeront toute la soirée à boire ou à danser. Mais ils parlent aussi. Ils se cachent dans les coins et partagent leurs pensées et leurs secrets les plus intimes. Ils sortent, regardent la Voie Lactée et disent "waouhhh " ! La métaphore de la soirée fonctionne bien dans ce cas.

Well-Being (bien-être)[4]. Depuis son invention en 1997, la boussole de la durabilité s'est répandue dans le monde entier, depuis les communautés Aborigènes d'Australie jusque des écoles aux Philippines et en Thaïlande, en passant par les bureaux des dirigeants de grandes entreprises européennes ou états-uniennes. En voilà un beau sujet de conversation ! Apportez la boussole de la durabilité lors de *votre* prochaine soirée. Ou lors de votre prochain séminaire, comité de direction ou atelier de travail.

Donner du sens, fixer un objectif. Je crois que beaucoup de gens travaillent sans avoir le sentiment que leur travail contribue à un véritable objectif à long terme. Si mon postulat est valable, et que la durabilité est réellement l'affaire de tous, alors tout le monde doit pouvoir s'accorder sur l'importance de donner du sens à son métier ou son activité, l'importance de rechercher la durabilité et d'y apporter sa contribution, sans pour autant être un professionnel de la durabilité. Toutefois, l'opportunité de se sentir utile ne devrait pas générer des sentiments de supériorité ou de frustration. Au quotidien, il y a tellement de possibilités pour faire en sorte que la durabilité donne un sens à son travail, depuis le « je fais de ce monde un meilleur endroit pour mes enfants » à « je travaille pour protéger quelque chose à laquelle je tiens vraiment » en passant par « je crois à l'équité et à la possibilité de donner à chacun l'égalité des chances pour réussir dans la vie ». Ces pensées, et les sentiments qui leur sont associés, nous interpellent bien plus que « j'aide à maximiser la valeur pour nos actionnaires ». Travailler pour la durabilité donne aux gens la possibilité d'avoir de telles pensées tous les jours.

Je parie que vous pouvez améliorer la liste de ce que la durabilité peut apporter lors d'une soirée, en commençant par des points très concrets

---

[4] Note du traducteur : la boussole fonctionne parfaitement en anglais. En français, trois points cardinaux sont en phase, mais la lettre O pour Ouest ne correspond pas au bien-être, contrairement à l'anglais où le W de West désigne "Well-being". Nous garderons le W pour représenter la boussole dans la traduction française.

tels ceux que j'ai mis de côté (comme les gains financiers, la réduction des risques et l'innovation), et en allant jusqu'à une compréhension de votre concept favori le plus abstrait (mon concept favori du moment est le nouveau nom donné à notre ère géologique depuis que les humains sont devenus la force dominante, jusqu'à modeler notre planète Terre : l'Anthropocène).

La durabilité est l'affaire de tous, car chacun peut trouver quelque chose d'utile ou de fascinant dans la série de concepts, d'outils et de techniques qui la composent. En se familiarisant avec ces concepts, outils ou techniques, et en commençant à les utiliser, vous y ferez probablement des découvertes de grande valeur – pour vous, votre organisation, votre collectivité ou votre pays, et certainement pour la planète.

*

La durabilité, grande et petite

L'un des concepteurs de la pensée durable est Herman Daly, le grand économiste écologiste. Les travaux de Daly m'ont permis de découvrir de nombreuses idées ou concepts – des idées qui sont devenues si communes et intégrées dans la durabilité que les professionnels n'y prêtent plus guère attention. Parmi d'autres contributions (dont les quatre catégories qui ont mené à la Boussole de la Durabilité), Daly m'a permis de découvrir le concept de la durabilité faible et forte. En fait, la « durabilité faible » n'est probablement pas durable du tout : celle-ci s'appuie sur une substitution constante des ressources naturelles, qui s'épuisent ou disparaissent, par l'ingéniosité humaine. Cette substitution peut fonctionner jusqu'à un certain point, mais l'idée d'une « durabilité faible » ne prend pas totalement en compte les limites non négociables de la nature. Nous n'avons qu'une seule planète, nous devons y vivre avec ses limites, et cela constitue le concept de « durabilité forte » - celui que je préfère (tout comme Daly)[5].

Cependant, les travaux d'Herman Daly m'ont permis de constater qu'il peut y avoir plus d'un type de durabilité, et que le fait d'opérer de telles distinctions peut nous aider à concevoir des idées et à les énoncer plus clairement. Dans cet esprit, je voudrais présenter deux nouveaux concepts : la grande et la petite durabilité.

La « grande durabilité » se réfère aux grands enjeux sur lesquels tous les

---

[5] Voici quelques définitions adaptées de ce que j'ai appris d'Hermann Daly et d'autres : pratiquer une « durabilité faible » signifie que l'on accepte l'érosion du capital naturel dans la mesure où l'on pense que les innovations technologiques pourront le remplacer. Adopter une « durabilité forte » signifie que l'on pense que les innovations technologiques ne peuvent pas se substituer indéfiniment au capital naturel, et que le stock de capital naturel doit être maintenu ou renforcé.

acteurs de la durabilité doivent se concentrer : le changement climatique, l'érosion de la biodiversité, l'accès à de meilleures conditions matérielles pour des millions de gens, et ainsi de suite.

Nous pouvons aussi parler de « durabilité globale ».

La « petite durabilité » fait référence à toutes les avancées sur lesquelles les acteurs de la durabilité travaillent – par exemple le bien-être dans une école, ou encore les stratégies internes d'une entreprise de taille moyenne pour changer ses modes de production et ainsi réduire son impact environnemental.

Bien sûr, ces deux concepts sont intimement liés : les problématiques de la petite durabilité sont issues des enjeux de la grande durabilité auxquels nous faisons face. Cependant, d'un point de vue pratique, il est très important de savoir *sur lequel de ces deux concepts vous travaillez en ce moment.*

Si vous échangez avec des gens sur des sujets en lien avec ce fameux mot qui commence par un « D », arrêtez-vous et réfléchissez : est-ce à moi d'embarquer ces personnes sur des sujets liés à la grande durabilité ? Ai-je besoin de les faire accélérer vers l'Agenda 2030, de les informer sur les dernières avancées de la science du climat, de leur citer les derniers animaux qui apparaissent sur la liste des espèces en danger, de leur dresser un état détaillé de la pauvreté dans le monde ? C'est de la grande durabilité.

Ou bien ai-je besoin de focaliser mon attention et mon action sur l'accompagnement d'une personne en particulier, ou d'une entreprise, et de les aider à monter quelques marches vers un monde plus durable ? Les aider à réaliser leur prochaine – et leur meilleure – contribution ? C'est la petite durabilité.

Les distinctions ne sautent pas si facilement aux yeux. En fait, beaucoup de personnes qui travaillent sur la durabilité les rendent confuses. Beaucoup d'entre nous s'engagent avec un groupe sur des problématiques de petite durabilité...mais tentent ensuite d'y ajouter une touche de grande durabilité. Nous continuons à penser globalement, mais nous devons réellement nous focaliser sur l'action locale (c'est une tendance contre laquelle j'ai dû moi-même batailler régulièrement).

La durabilité pour tous, finalement, regroupe à la fois la grande et la petite. Mais comme nous allons le voir, la petite durabilité est souvent la plus importante et le meilleur moyen de commencer.

La petite durabilité, c'est *tout particulièrement* l'affaire de tous.

*

Comment parler de durabilité à un _____ ?

Vous pouvez remplir la case vide dans le titre juste au-dessus. Dans cette partie vide, mettez le type de personne ou de profil que vous voulez. La réponse à cette question sera toujours la même.

Parlez leur langage.

Vous devez échanger avec un directeur financier ? Soyez prêt à sortir des chiffres et des études de cas qui soulignent un retour sur investissement positif ou une maîtrise des risques. Heureusement, il existe déjà pléthore d'informations de ce type ; des ONG et des légions de consultants en produisent toujours plus.

Avec un professeur ? Un vocabulaire fourni est à disposition, ainsi qu'une communauté de pratiques dénommée « éducation pour le Développement Durable », avec une pédagogie bien développée et un mouvement international auquel a même été dédiée une « Décennie ONU » (2005-2014). (Une confession au passage : je n'avais jamais employé le mot « pédagogie » avant de commencer à travailler avec des éducateurs en durabilité. Depuis, j'utilise régulièrement ce mot, même si je le trouve un peu laid. Parfois, il est important d'adapter la langue locale pour parler avec les gens du cru).

Et avec un expert en sécurité ? La durabilité est liée à la sécurité sur le long terme, et beaucoup de problématiques classiques liées à la sécurité – accident sur le lieu de travail, gestion des déchets dangereux – sont également des problématiques liées à la durabilité. Reconnaitre ce lien fort dès le départ aide à construire un pont avec d'autres problématiques telles que la réduction des pressions sur les espaces naturels ou encore la réduction de la vulnérabilité au changement climatique. (Personnellement, cette approche a bien fonctionné récemment, alors que j'accompagnais une entreprise du bâtiment puis un groupe d'experts dans le domaine du transport).

Ces trois exemples étaient relativement simples. Ensuite, comment parler de durabilité avec un joueur de hockey ? Les joueurs de hockey sont des gens assez rugueux, mais ils se doivent aussi de penser au long terme et de prendre soin de leur corps et de leur mental. Les actions de jeu comprennent de nombreuses passes et ricochets, qui font penser à la complexité des systèmes. La durabilité, tout comme le hockey, aide les gens à travailler ensemble, à innover et à trouver de nouveaux chemins pour contourner les obstacles et atteindre leurs objectifs. En outre, il est crucial de faire en sorte que la glace ne fonde pas...

Vous voyez ce que je veux dire ? Il s'agit de penser à l'interlocuteur dans son contexte, et vous pouvez assez facilement démarrer une conversation intéressante sur les sujets liés à la durabilité.

Bien sûr, vous devez avoir quelques compétences, je parle de celles liées à l'art de la conversation. Si vous rencontrez un joueur de hockey dans une soirée, vous n'allez pas tout de suite lui dire « Ah ! Vous êtes un joueur de hockey ! Eh bien, parlons-en, du réchauffement climatique et de la fonte de la banquise... » Si vous faites cela, vous serez heureux de voir votre joueur de hockey vous tourner le dos, plutôt que de vous en coller une.

Mais si vous démarrez une conversation normale, bien à-propos, le changement climatique et la fonte de la banquise pourront sortir tout naturellement au détour d'une blague, qui viendra peut-être du joueur lui-même.

Emprunter les mots d'une personne, c'est le bon moyen de débuter une conversation, mais ne vous arrêtez pas en si bon chemin. Surtout si vous commencez à cerner cette personne sur un plan plus personnel, vous pourrez bientôt parler de questions plus fondamentales : l'état actuel de l'environnement, les évolutions futures, le type de société que l'on va léguer à nos enfants. Par expérience, le plus dur à cuire des climatosceptiques aura toujours une oreille attentive sur ces questions. Avec la plupart de ces personnes, vous pouvez même trouver des points d'accroche plus larges en lien avec le long terme et des considérations systémiques qui incarnent la durabilité.

(Parmi les meilleurs moments de ma vie professionnelle, je revois encore les personnes précédemment citées avoir une expression mi- inquiète mi- réjouie, après avoir compris qu'ils avaient des points communs avec les « écolos » méprisés jusqu'alors).

Il est beaucoup plus facile de parler de durabilité aujourd'hui, dans la mesure où le monde entier en parle. Non seulement elle est devenu un « Agenda Universel » pour les Nations Unies, mais le Forum Economique Mondial, rassemblement des « puissants de la planète », se penche également sur les questions de durabilité lors de ses réunions annuelles.[6]

Ne vous arrêtez donc pas à la distance apparente de telle personne ou de telle profession par rapport à la durabilité. Il existe toujours une façon d'insérer la durabilité dans la conversation – et c'est la première étape

---

[6] La session 2013 du Forum Economique Mondial était la première du genre à s'intéresser tout particulièrement à la durabilité et à des concepts liés tels que la résilience. C'est aujourd'hui un sujet traité à part entière dans l'agenda.

pour intégrer la durabilité dans la vie personnelle ou professionnelle de chacun.

*

Comment ne pas parler de durabilité ?

Parfois, pour parler efficacement de durabilité, mieux vaut ne pas utiliser ce mot.

Ce n'est pas simple : quand vous êtes passionnés (et la plupart des gens qui travaillent dans ce domaine le sont), vous voulez en parler. Mais les gens réagissent parfois de manière étonnante à certains mots, et la « durabilité » en fait partie.

Alors, que faire quand votre interlocuteur est notoirement connu pour son penchant sceptique, critique voire allergique à la durabilité (oui, malheureusement, la durabilité a ses ennemis) ?

Utilisez d'autres mots, tout simplement.

Par exemple, dans un contexte professionnel, vous pouvez toujours contourner les déclinaisons classiques de la durabilité telles que « Responsabilité Sociétale des Entreprises » ou « éthique des affaires ». Vous pouvez saupoudrer votre discours de quelques expressions choisies, comme « création de valeur » ou « relation avec les parties prenantes». Toute personne qui travaille dans ce domaine apprend vite à le faire.

Mais vous aurez des choix à faire lors de situations plus ardues, face à des personnes qui opposent une animosité ouvertement déclarée à la durabilité. Vous pouvez partir à la défense du concept...ou parler de durabilité sans utiliser le mot. Voici quelques exemples :

« Bon, si nous partons dans cette direction, nous allons devoir affronter de sérieux obstacles. Nous devons trouver de nouvelles options à plus long terme. Que suggérez-vous ? »

« Il me semble que votre chaine d'approvisionnement est assez vulnérable aux perturbations environnementales. Vous prévoyez quelque chose pour y remédier ? »

« J'ai lu des études très intéressantes qui montrent la corrélation entre la qualité de vie au travail et la productivité, et même la rentabilité ».

Vous voyez ? Je n'ai pas prononcé une seule fois ce fameux mot qui commence par « D ».

Et d'autres outils sont à votre disposition, au-delà du fait de bannir la durabilité de votre vocabulaire pendant un moment.

*

La « durabilité à emporter »

Supposons que vous ayez surmonté l'obstacle concernant l'utilisation ou non du mot « durabilité ». Vous êtes en pleine conversation avec quelqu'un, ou avec un groupe.

Comment aborder le sujet ?

En outre, supposons que tout le monde ne veuille pas tout savoir sur le changement climatique, la transition énergétique, la perte de biodiversité, la lutte contre la pauvreté et tous les défis pour vivre ensemble dans les limites d'une planète commune

Et pourtant, lorsque nous travaillons sur la durabilité, nous supposons souvent le contraire. Nous supposons que tout le monde a besoin de tout savoir, maintenant, et nous commençons à en parler.

Nous faisons l'erreur de la « grande durabilité ».

C'est comme si l'on invitait quelqu'un à dîner, et qu'on l'informait immédiatement qu'un énorme festin composé de 27 plats, dont certains fort copieux, allait lui être servi. Pas étonnant que beaucoup de gens déclinent l'invitation par peur de l'indigestion.

Empruntons donc un autre chemin : celui de la « durabilité à emporter ».

Oui, je viens de me lancer dans la métaphore culinaire. Si l'on compare une portion à emporter de délicieuses nouilles chinoises à ce festin pantagruélique, les nouilles sont plus faciles à digérer. La seconde clé de lecture de la métaphore porte sur le terme « à emporter » : il s'agit ici de prendre un aspect de la durabilité, et de le sortir de son contexte.

(Cela peut sembler paradoxal, la durabilité est justement une affaire de contexte. Mais permettez-moi de dérouler mon propos un instant).

Prenons un exemple. Si vous souhaitez inviter quelqu'un à déguster quelques sujets autour de la durabilité, en évitant l'indigestion, proposez-lui le plat à emporter « approche systémique » : « écoutez », direz-vous, « voici une méthode d'analyse qui pourrait vous servir ». Et montrez à cette personne comment un peu d'approche systémique peut l'aider à résoudre un de ses problèmes, quel qu'il soit.

Évidemment, à ce stade, ne soufflez pas un mot des gaz à effet de serre, des limites des écosystèmes ou de la répartition de la richesse mondiale ! Abordez tranquillement un des aspects de la durabilité. Mettez en avant la valeur qu'elle apporte. Montrez-lui comment cela fonctionne. Laissez-lui tisser des liens et appréhender de nouvelles connections qu'il n'avait pas identifiées jusqu'alors. Et au moment opportun, vous pourrez glisser « au fait, vous savez, cette approche systémique, elle se trouve au cœur de toutes ces questions de durabilité dont vous avez sans doute entendu parler ».

Ou bien, prenez le bien-être : vous pouvez introduire cette thématique dans une organisation comme étant une nouvelle façon de mesurer les progrès réalisés, d'améliorer la performance ou d'attirer de nouveaux talents. Trouvez l'argument le plus convaincant.

Et une fois que vous les aurez accrochés sur le bien-être, introduisez la photo dans son ensemble, en des termes simples : « vous savez, le Bien-être est juste l'une des parties de cet outil très utile appelé la Boussole de la durabilité : le W signifie Well-being (bien-être en anglais) et symbolise l'Ouest (West). Le N du Nord symbolise la Nature, le E fait référence à l'Économie et le S regroupe tout ce qui touche aux questions Sociales et de Société. (Vous n'êtes pas obligés d'utiliser la boussole, bien sûr. Si vous avez un autre schéma préféré, utilisez-le).

Mais la meilleure chose à faire est peut-être de s'attarder un peu plus sur le bien-être (ou sur l'approche systémique, ou n'importe quel autre plat à emporter). Dans la mesure où tout est connecté, chacun de ces plats à emporter finira bien par attirer le reste de la durabilité.

A un moment ou un autre, le bien-être des salariés fait le lien avec les menaces environnementales. Le déploiement progressif de l'approche systémique oblige à se confronter à la limitation des ressources. Le processus peut sembler un peu lent, mais la « durabilité à emporter » est une stratégie efficace dans la mesure où les liens du système finissent toujours par exercer leur force, un peu comme la gravité. Les physiciens considèrent la gravité comme une force très faible (la Terre entière sert juste à vous retenir !). Mais elle est inévitable – comme la durabilité. Et une durabilité lente vaut bien mieux que pas de durabilité du tout.

Votre objectif, en utilisant cette stratégie, est juste d'attirer les gens vers un seul « plat à emporter ». Une fois que vous avez établi la relation (ou établi une nouvelle dimension dans votre relation, si vous connaissez déjà l'interlocuteur), et que ce plat avait du goût…vous pouvez proposer une nouvelle assiette. Puis une autre.

Et à un moment bien choisi, vous pourrez dire, « tous ces outils, ces approches et ces perspectives dont nous avons parlé font partie intégrante de la durabilité ».

Mais rappelez-vous : ne soyez pas trop impatient et ne les conviez pas trop vite à la table du banquet, à moins qu'ils ne le réclament. Continuez à leur servir des « assiettes de durabilité » utiles et savoureuses à *leur* table. Facilitez la tâche : des couverts, une serviette et l'assaisonnement sont fournis avec le plat à emporter. De la même manière, assurez-vous que l'interaction avec la durabilité se déroule sans heurt. Fournissez les outils, les études de cas, et des histoires inspirantes.

Le goût pour la durabilité n'est pas inné. Mais ce goût, presque tout le monde peut l'acquérir en suivant un chemin correctement balisé.

*

Durabilité = Qualité

Il y a une vingtaine d'années, j'ai fait une déclaration audacieuse. Un jour, disais-je, la durabilité serait comme la qualité, et la démarche de durabilité serait comme le MQT. Le MQT (ou TQM, en anglais), vous vous en souvenez ? « Management par la Qualité Totale » (ou « Total Quality Management » en anglais) ? Non, beaucoup de lecteurs ne se souviendront pas de cette démarche. (Et beaucoup d'entre vous iront probablement faire une recherche Internet sur cette « Qualité Totale »).

Cela s'explique : la volonté d'impliquer toute l'entreprise pour parvenir à une qualité optimale n'est plus un scoop depuis longtemps. Ce n'est plus nécessaire d'aller évangéliser les troupes sur la « démarche qualité ». Fixer des normes de qualité élevées en production, viser le zéro défaut, tout cela faisait partie des nouvelles avancées à la fin des années 1980 ou au début des années 1990. Aujourd'hui, c'est absolument normal.

« Et c'est ce qui arrivera à la durabilité, dans le futur », disais-je à qui voulait l'entendre. « La durabilité deviendra la nouvelle norme ».

Maintenant, nous sommes dans ce futur. Et c'est précisément ce qui a commencé.

Pour devenir quelque chose de plus « normal », la durabilité a suivi une voie similaire à la qualité : réservée au début à des groupes de réflexion et des militants, puis adoptée par les visionnaires et quelques leaders, elle s'est ensuite déployée de manière normée et rigoureusement planifiée dans les gouvernements, les grandes entreprises et les institutions.

En ce sens, la durabilité est déjà *comme* la qualité.

Désormais, il est temps d'oser une nouvelle prédiction, plus audacieuse : *la durabilité et la qualité vont finir par fusionner*. Elles deviendront la même chose.

Par cette déclaration, je ne sous-entends pas que la durabilité sera noyée dans des programmes de gestion de la qualité du type « Lean Six Sigma » (bien que cette intégration soit déjà en cours[7]). Je veux dire que la durabilité sera considérée comme un critère de base pour tout ce qui touche à la fabrication d'un produit ou à la fourniture d'un service. Bien sûr, il est nécessaire de bien concevoir les choses et de bien les faire. C'est le rôle de la qualité. Et bien faire les choses implique de les faire durablement. Donc la durabilité est – ou du moins le sera bientôt – partie intégrante de la qualité (ou l'inverse !).

Dans un proche avenir, les choses non durables seront considérées comme insipides, peu attrayantes, non conformes, grossières, bas de gamme. Des choses de mauvaise qualité, en somme.

---

[7] Voici un article en anglais qui décrit le système de management « Lean Six Sigma » et son lien avec la durabilité (qui n'a pas cessé de se renforcer depuis 2013) :

https://www.sixsigmadaily.com/how-six-sigma-improves-sustainability/

Prenez le football : que ce soit dans sa version classique, américaine ou australienne (le « footy »). Nous savons tous ce que signifie un football de qualité. Aujourd'hui, un « match de football de qualité » n'inclut pas la durabilité, ou du moins pas grand-chose la concernant.

Mais cela pourrait être assez facile. Entre la fabrication des maillots, les modes de transport des équipes, la nourriture servie à la buvette, la construction du stade et tous les enjeux économiques et sociaux véhiculés par ce sport, on peut rapidement imaginer la mise en place de *nombreuses* pratiques plus durables.

A vrai dire, il est quasiment inévitable qu'un jour, ces pratiques *seront* beaucoup plus durables.

Et ne pas mettre en place des pratiques plus durables sera considéré comme insipide, peu attrayant, non conforme, grossier, bas de gamme. De la même manière qu'un joueur de foot vérifie que ses chaussettes sont bien remontées jusqu'au genou avant le match, l'équipe technique du stade s'assurera que la pelouse a correctement poussé grâce à des machines à énergie solaire, que toute la nourriture a été produite de manière saine et durable et qu'elle est servie aux spectateurs dans des emballages compostables (ou toute autre solution en phase avec l'économie circulaire). Les joueurs arriveront dans des véhicules « zéro émission de CO2 », et les propriétaires du club noteront l'impact positif de la durabilité sur les résultats financiers. Bientôt, vouloir rogner sur les pratiques durables sera considéré comme totalement démodé (d'ailleurs, c'est déjà ce qui se passe dans le championnat de football américain aux États-Unis[8]).

---

[8] Après avoir entamé l'écriture de ce paragraphe (et pas avant), j'ai recherché le terme « football durable » sur Internet (« football sustainability » en anglais). Un article publié la semaine précédente est apparu (c'était en 2013) à propos de la NFL (le championnat de football américain aux États-Unis) qui abordait la durabilité en ces termes (site en anglais) :

Au risque de se répéter – mais c'est tellement important – la durabilité est en passe d'élargir la façon dont nous pensons la qualité, de manière générale. Les choses non durables ne seront plus considérées comme des choses « bien faites » ou « de bonne qualité ». Nous n'en sommes pas encore là... mais cette réalité nous attend au coin de la rue.

Projetez-vous dans ce futur proche, où durabilité = qualité : c'est un bon moyen pour mettre en pratique cette « durabilité qui est l'affaire de tous ». Où que vous alliez, regardez autour de vous. Tout ne va pas encore forcément dans le bon sens... est-ce que cela ira mieux demain ?

Avec qui commencer à concrétiser cette vision ?

Identifiez-vous des opportunités pour plus de durabilité, sur le point de se produire ?

*

---

http://www.guardian.co.uk/sustainable-business/nfl-champion-sustainability

Note complémentaire pour la seconde édition : depuis, le « verdissement » du football américain aux USA s'est renforcé. La NFL dispose aujourd'hui d'un site internet sur la meilleure façon de rendre les stades plus durables, et d'impliquer les supporters dans la démarche :

https://www.nfl.com/causes/nfl-green/ (site en anglais)

Durabilité et résilience

Je fais un détour, le temps d'un instant, pour vous rassurer : non, la durabilité n'est pas en voie de disparition. Dernièrement il était à la mode, dans certains cercles de réflexion, de déclarer que la durabilité était « révolue », supplantée par la résilience. Un auteur, au moins, avait affirmé cela dans un livre qui a eu un certain retentissement.[9]

Tout d'abord, certains ont déjà énoncé de telles déclarations auparavant, comme quoi la durabilité ne serait pas un terme approprié, et ont proposé d'autres concepts. D'autres encore, ont affirmé que la durabilité était un sujet trop ennuyeux, trop compliqué, ou trop imprécis pour être utile. (Comment quelque chose peut être à la fois compliqué et imprécis : cela reste un mystère pour moi, et pourtant j'ai entendu des gens associer ces deux critiques dans la même phrase).

Ce genre de critique occasionnelle dure depuis des années. Et la durabilité est toujours là.

En outre, peu de gens qui étudient scientifiquement la résilience soutiendraient l'affirmation selon laquelle la résilience peut remplacer la durabilité – car il s'agit de deux concepts très différents. En fait, la

---

[9] Andrew Zolli, « Learning to bounce back" (en français : "apprendre à rebondir"). Voir l'article paru en anglais dans le New York Times le 2 novembre 2012 : http://www.nytimes.com/2012/11/03/opinion/forget-sustainability-its-about-resilience.html (site en anglais)

Note complémentaire pour la seconde édition : Depuis la parution des Objectifs de Développement Durable en 2015, la résilience n'est plus considérée comme un concept supérieur à la durabilité. Elle est à nouveau considérée comme l'un des aspects – extrêmement importants – de la durabilité. Comme je l'avais prévu !

résilience fait partie de la durabilité.

La résilience est une idée puissante, utile et importante. Elle est essentielle à la durabilité. Si les choses ne peuvent pas résister aux chocs, « rebondir », changer et s'adapter à des circonstances mouvantes, celles-ci ne seront pas...durables.

Mais il existe d'autres dimensions de la durabilité qui n'ont rien à voir avec la résilience. Une collectivité peut être résiliente, mais peut être détruite par une catastrophe nucléaire malgré tout. Dans tous les cas, utilisez ce terme de résilience lorsqu'il est approprié. Et si vos interlocuteurs préfèrent parler de résilience, faites comme eux (voir ci-dessus « comment ne pas parler de durabilité »).

La popularité et l'usage du mot durabilité peut croître ou décroître. Mais la durabilité, en tant que concept, ne va pas disparaître. Nous aurons toujours à faire face à des problématiques de pérennisation, systémiques et à long terme, tant que nous n'aurons pas atteint le stade d'une civilisation devenue profondément et intrinsèquement durable, au point de ne plus avoir besoin d'y penser.

J'attends ce jour avec impatience, mais nous n'y sommes pas encore.

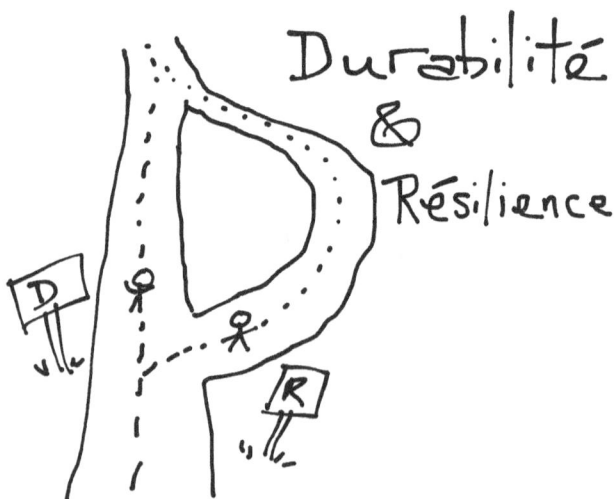

Le fardeau de la connaissance

L'un des principaux risques professionnels, lorsque l'on travaille dans le secteur de la durabilité, est lié au fait de se tenir bien informé de l'état du monde.

Cette partie du travail n'est généralement pas très amusante. Ou plutôt, elle n'est *vraiment* pas amusante. Certains pourront peut-être ressentir une fascination macabre à la lecture des conséquences du changement climatique sur nos civilisations humaines, ou à la vue d'un nouveau documentaire sur la disparition d'une espèce en danger. Mais le sentiment ressenti lorsque nous regardons un film catastrophe fort en suspense, ou lorsque nous sommes tenus en haleine par l'intrigue d'un bon polar, se dissipe assez rapidement. C'est de la réalité, pas de la fiction. On devient bientôt morose, avec l'envie de voir s'arrêter toutes ces mauvaises nouvelles.

Par exemple, lorsque j'ai écrit ce chapitre en 2013, l'actualité du moment faisait état du niveau moyen de concentration de dioxyde de carbone dans l'atmosphère qui allait franchir la barre des 400 ppm (parties par million) – ce qui n'était jamais arrivé depuis que l'homme moderne existe. Les émissions mondiales de gaz à effet de serre suivaient toujours la courbe du « pire des scénarios » envisagés par les prévisions des scientifiques. Par conséquent, il se peut que nous nous réveillions, d'ici quelques années, dans un monde où la banquise aura disparu de l'Océan Arctique en été. Nous sommes sur la bonne voie pour créer un monde très chaud.[10]

---

[10] En 2017 et lors des trois années précédentes, les émissions globales de CO2 commencent à stagner. Ce sont d'excellentes nouvelles – mais nous sommes encore loin de stopper la fonte des glaces dans l'Arctique.

Je sais cela, et je ne suis pas heureux de le savoir. De telles connaissances sont lourdes à porter, tel un sac à dos trop chargé qui pèserait sur mes épaules et ralentirait la cadence.

Comment faire face à ce fardeau d'informations à haute dose qui menacent - implacables et écrasantes - les formes de vie que nous connaissons, et qui minent apparemment l'espoir d'un avenir meilleur auquel nous aspirons tous ?

Je n'ai trouvé que trois manières d'y arriver, qui ont fonctionné :

La première : compatir entre amis. J'aime ce mot « compatir » - étymologiquement, « souffrir avec ». La souffrance aime la compagnie. Et c'est une vraie souffrance de savoir que nous verrons bientôt disparaitre le dernier des tigres sauvages, ou d'apprendre que les conséquences du changement climatique mettent déjà des millions de personnes en situation de vie ou de mort. Il n'est pas facile d'occulter les émotions qui surgissent naturellement lorsqu'on apprend de telles choses. Alors réunissez-vous avec d'autres personnes, et laissez ressortir ces horribles nouvelles. Certains le font autour d'une bière, d'autres par le biais de la religion ou de toute autre pratique cérémoniale. Chacun sa culture. Quelle soit la façon de vous exprimer, faites-le. Exprimer un peu de ce chagrin, de cette peur, de cette colère et de ce désespoir vous fera un bien fou. Etre entouré, quand on se sent mal, aide réellement à se sentir mieux.

La seconde : l'humour. Comme je l'ai déjà écrit dans mon livre « *Croire en Cassandre* » *(livre publié en anglais en 1999 sous le titre « Believing Cassandra »)*, lorsque j'ai commencé à travailler sur des problématiques aussi sérieuses que le changement climatique, le fait d'écrire des chansons humoristiques sur les dilemmes de notre temps m'a permis de poser le sac à dos pendant un moment, d'alléger ma propre perception du fardeau. Vous n'avez pas besoin d'écrire vos propres chansons ou d'inventer des calembours pour laisser la magie de l'humour opérer. Sélectionnez un bon compositeur ou un bon humoriste, et laissez-vous aller. C'est également bien de le faire à plusieurs : l'absurdité aime la compagnie, elle aussi.

Enfin, la troisième – et c'est la plus importante bien sûr – consiste à cultiver l'espoir. Comment faire ? Tout simplement en agissant.

Aucun de ces grands défis de la durabilité, que nous connaissons déjà trop, ne seront résolus à moins de les résoudre ensemble. En le tournant de manière positive, ils seront *tous* résolus si nous nous y attelons *tous*, en agissant, en travaillant dur, longtemps, sur des sujets grands et petits.

Permettez-moi de partager avec vous une des actions du moment sur laquelle j'agis aujourd'hui, avec la double intention de cultiver l'espoir et d'alléger le propre fardeau de mes connaissances trop nombreuses sur les tendances non durables de cette planète :

La durabilité est l'affaire de tous.

*

« Pratiquer » la durabilité

« Oui, mais je *fais* quoi ? »

Presque tous ceux qui travaillent autour de la durabilité, et qui tentent d'encourager d'autres personnes à faire de même, doivent très souvent répondre à cette question (ou à des questions similaires).

Que la durabilité soit « grande » ou « petite », le mot semble presque toujours abstrait. Cela tombe bien, *c'est* abstrait. La durabilité est un concept, une façon de penser, une méthode d'analyse et de compréhension.

Alors, qu'entend-on par « *pratiquer* » la durabilité ? Comment répondre à cette question ?

Cela dépend.

Premièrement, cela dépend de la situation de la personne qui pose la question. Pour un PDG, les considérations autour de la durabilité conduisent à certaines prises de décision, et souvent à certains changements dans les processus. « Réduisez les émissions de CO_2 liées à l'utilisation d'énergie fossile », par exemple. Ou encore « j'ai passé en revue la littérature récente, sur le lien entre la qualité de vie au travail et la performance : je pense que nous devons apporter quelques changements dans la façon dont nous traitons nos salariés ».

Pour un citoyen lambda, les sujets peuvent sembler similaires, mais le contenu change. « Quel type de voiture dois-je acheter ? Et d'ailleurs, si je souhaite réduire mes émissions de CO_2, ai-je vraiment besoin d'acheter une voiture ? ». Ou bien « comment faire pour être motivé quand je vais au boulot, et m'y sentir bien ? ».

En général, *pratiquer* la durabilité, tout comme en parler, dépend beaucoup de qui la pratique et dans quelle situation.

Est-il toujours pertinent de vouloir devenir végétarien, par exemple ? Pas si vous êtes un chasseur Inuit. Et pourquoi tout le monde ne pourrait-il pas conduire un peu moins son véhicule ? Cela serait extrêmement difficile pour un technicien forestier qui doit se rendre chaque matin sur une parcelle éloignée.

Il n'y a pas de recette miracle : la manière de « pratiquer la durabilité » *dépend toujours du contexte*. La liste universelle des « Dix Choses que Vous Pouvez Faire » n'existe pas.

Il y a seulement des questions à poser...et ensuite, des décisions à prendre et des actions à mettre en œuvre, qui dépendent des réponses à ces questions.

Voici une série de questions assez simples que vous pouvez utiliser seul ou à plusieurs, pour commencer. Elles pourront vous aider à trouver les bonnes réponses à cette question embarrassante par laquelle nous avons ouvert ce chapitre : « qu'est-ce que je fais ? ».

1. Quelles tendances non durables puis-je identifier autour de moi ?

Quelles situations identifiez-vous, qui ne peuvent plus continuer comme cela, sauf à provoquer inévitablement de sérieux problèmes aux êtres humains, à l'environnement, voire aux deux à la fois ? Il suffit de creuser un peu : vous risquez d'en voir beaucoup.

2. Parmi ces tendances non durables, sur laquelle ai-je envie de travailler pour changer les choses ?

Le fait « d'avoir envie » est très important. Il y a tant de problèmes qui tombent dans la catégorie des « problèmes liés à la durabilité ». Personne ne peut tout faire. Mais tout le monde peut faire quelque chose, et la meilleure façon de maintenir votre propre énergie est de choisir quelque chose où vous ressentez une motivation personnelle. Au lieu de « devoir », ce sentiment « d'avoir envie » vous aidera à *persévérer* dans votre action, sur le long terme.

3. Quelles décisions puis-je prendre et quelles actions puis-je mener pour instaurer un changement positif ?

Encore une fois, le terme « puis-je prendre » est important. Chacun peut prendre des décisions sur ses propres choix, sur son propre comportement. Chacun peut faire de son mieux pour « transformer les paroles en actes » - pour instaurer dans sa vie personnelle les changements que l'on souhaite voir apparaitre autour de soi.

Mais la plupart d'entre nous peuvent également prendre des décisions et mener des actions qui vont influencer d'autres personnes, voire d'autres organisations. Nous *pouvons* choisir différentes options politiques, différents objectifs, différentes pratiques, différentes façons de mesurer les résultats accomplis. La question ultime est la suivante : allons-nous le faire ?

« Pratiquer la durabilité » consiste à transformer « pouvoir » en « vouloir ». La seule personne qui puisse le faire pour vous...c'est vous.

*

Contre la « consommation durable »

Habituellement, je défends les termes liés à la durabilité contre tous leurs opposants. Mais je me dois d'être critique ici. Il y a une phrase que nous devrions réellement changer dans ce langage commun de la durabilité. Ce ne sera pas simple, car la terminologie est entérinée dans les accords internationaux, dans beaucoup d'organisations, et dans la tête de millions de gens.

Arrêtons de parler de « consommation durable ». Arrêtons de considérer les gens comme des « consommateurs durables ».

Le problème vient du mot « consommer ». Consommer ou consumer, c'est la même étymologie. En clair, cela signifie « détruire ».

Les consommateurs sont des destructeurs. Nous n'avons que faire des « destructeurs durables ». Nous avons besoin de personnes qui utilisent des produits et des services durables, avec un mode d'emploi durable.

Voici une suggestion aux entreprises : débarrassez-vous du mot « consommateur ». Utilisez le mot « client » à la place. En anglais, le « client » se traduit par « customer » : celui qui a coutume, qui a l'habitude de revenir vers vous encore et encore. En ce sens, parler d'un « client durable » est presque redondant ! Les bons clients, par définition, ont une relation durable et de long terme avec votre entreprise.

Trouver de nouveaux modèles économiques, durables, est aussi simple (et aussi difficile) que de passer du modèle du « consommateur » à celui du « client ».

Et concernant la « consommation durable » : s'il vous plait, évitez cet oxymore. Mieux, tentez l'expression « utilisation durable ».

Ensuite, continuez à utiliser ce terme, encore et encore. De la même façon que vous pourriez réutiliser un produit durable.

(Note : une mise en garde, conformément aux conseils précédents. Si vous travaillez avec des gens qui aiment vraiment utiliser cette « consommation durable » ou qui doivent l'utiliser pour une raison ou une autre, ne perdez pas votre temps. Même si vous partagez mon point de vue, prenez simplement acte de leur préférence. Parlez leur langage...et continuez à déployer les vrais changements).

(Note complémentaire pour la seconde édition : aujourd'hui, les gens ont tendance à dire « économie circulaire » au lieu de « consommation durable ». C'est aussi un concept assez vieux, dépoussiéré et habillé avec du neuf. Mais je préfère celui-ci, de loin.)

*

Durabilité et optimisme

Il y a quelques années, lors d'une conférence animée par le grand chercheur Lester Brown – spécialiste des systèmes globaux – quelqu'un posait cette question : « après toutes ces années passées à ausculter la santé globale de notre planète et ces tendances qui vont de mal en pis, comment pouvez-vous maintenir votre optimisme ? ». La réponse de Lester Brown fut immédiate. « J'ai une réponse qui tient en un mot : bourbon ».

Il m'est arrivé ensuite de réemployer la réponse de Lester Brown (en citant la source) et de modifier la chute avec une réponse qui tient en deux mots : single malt.

Bien sûr, Lester plaisantait (la plupart du temps), et il cherchait les signes du changement partout autour de lui.

Depuis, j'ai laissé de côté la chute humoristique du « single malt » pour adopter des séries de réponses qui tiennent en un ou deux mots, et qui abordent plus sérieusement le sujet de la capacité à rester optimiste malgré tout. En voici quelques-unes :

Les enfants. Que vous ayez des enfants vous-même (j'en ai), que vous connaissiez des enfants dans votre entourage ou que vous aimiez les enfants des autres (cela m'arrive aussi), les enfants peuvent être une grande source d'optimisme. Plus vous vieillissez, plus vous ressentez qu'ils sont porteurs de tous les possibles. Ce sont les émissaires d'un futur dont ils vont être acteurs : au moment où ils arriveront dans ce futur, ils seront tout à fait compétents pour traiter de problèmes que ni vous ni moi ne pouvons imaginer. Avec tous ces possibles qui apparaissent, tous ces indices qui montrent que les renforts sont en route, il est aisé de croire que le travail de durabilité perdurera, et que le monde de demain sera témoin de changements positifs croissants.

L'innovation. Regardez autour de vous ! Nous sommes encerclés par l'innovation ! Qui aurait pensé, il y a 15 ans, que l'Allemagne serait désormais recouverte de panneaux solaires ?

Comment ces systèmes de vélo en libre-service ou d'autopartage se sont-ils développés si rapidement ? Regardez ce qui est arrivé aux ampoules ! (Vous souvenez-vous de l'époque avant les LED et les ampoules basse consommation ? C'était il n'y a pas si longtemps). Vraiment, le changement se produit rapidement, et beaucoup de choses sont très prometteuses. La présence accélérée de l'innovation dans nos vies est un beau signe d'encouragement, nous devons juste faire en sorte que cette innovation soit orientée vers la durabilité.

L'histoire de l'humanité. Shakespeare prête à Hamlet une réplique célèbre : « les frondes et les flèches de la fortune outrageante ». Les êtres humains ont résisté à quantité d'outrages au cours des siècles et des millénaires. Les périodes glaciaires pourraient nous avoir anéantis, sans parler des terribles épidémies de peste, des guerres et des éruptions volcaniques qui assombrissaient la planète entière. Mais nous sommes toujours là. L'histoire de l'humanité est *déjà* une suite de défis gigantesques, d'adaptation, d'invention et de survie, parfois contre des « frondes et des flèches » très coriaces. On s'en est déjà sorti ; on s'en sortira encore.

Ces dernières années. Cette réponse est plus personnelle. Pendant près de trois décennies d'expérience professionnelle dans le domaine de la durabilité, j'ai été le témoin de nombreuses améliorations – et certaines sur des sujets de fond. Je me souviens du temps où toutes les personnes rencontrées n'avaient jamais entendu parler de durabilité. Je me souviens même des membres de ma famille qui se grattaient la tête et me demandaient à plusieurs reprises : « mais tu fais quoi, au juste ? ». Maintenant, ils sont tous engagés dans la durabilité, au moins à titre personnel. Désormais la plupart des gens que je rencontre, au moins à

titre professionnel, savent ce que signifie la durabilité – et la plupart des grandes entreprises ont nommé une personne en charge de la durabilité. On vient de loin. L'optimisme tient aussi au fait de se souvenir des progrès du passé.

La musique. C'est ma réponse préférée du moment qui tient en un mot, au sujet de la question sur l'optimisme. La musique a été un pilier dans ma vie, me procurant du réconfort dans les moments de désespoir, de l'exaltation dans les moments enjoués, et un exutoire créatif quand mon environnement immédiat semblait destructeur. Tout le monde ne joue pas de la musique, ou n'aime la musique. Mais tout le monde peut trouver ce « quelque chose » (une activité artistique, sportive, récréative de toute sorte) qui procure de la joie et de l'élan dans ces moments où l'on a envie de tout plaquer.

Quoi que vous fassiez, ne vous arrêtez pas. Nous avons besoin de vous.

Maintenir une bonne dose d'optimisme est essentiel pour ne pas s'arrêter. Mais l'optimisme n'est pas un trait de caractère. C'est un choix, et cela demande une attention constante. A vous de trouver votre propre « réponse en un ou deux mots » à la question qui a été posée à Lester Brown (et qui m'a été posée un nombre incalculable de fois). Trouvez-là. Et utilisez-là.

Et rappelez-vous qu'il y a toujours des encouragements auxquels on ne s'attend pas, au détour d'une route.

*

La durabilité invisible

De nombreuses façons permettent à la durabilité d'être déjà présente autour de nous, dans toutes ses dimensions. Nous ne la voyons pas toujours clairement, voire pas du tout, parce qu'elle est trop éloignée, trop incrémentale, trop cachée. J'ai le sentiment d'être très informé sur le sujet, mais je suis régulièrement surpris de voir apparaitre soudainement un pan de durabilité invisible jusqu'alors. J'en suis arrivé au point où je tiens pour acquis qu'il y a beaucoup plus de durabilité que je ne peux en déceler.

En 2013, par exemple, lors d'un voyage professionnel dans ce beau pays d'Afrique australe qu'est la Namibie, j'ai eu la chance de rencontrer l'ami d'un ami, Keith, qui travaillait pour le WWF. Autour d'un excellent vin blanc sud-africain, Keith me racontera l'incroyable histoire des Conseils Communautaires de Conservation namibiens mis en place à la fin des années 1990. Ces conseils ont prospéré et se sont développés à tel point qu'aujourd'hui, un Namibien sur huit y participe. Conséquences directes pour la Namibie : les populations de lions, d'éléphants, de zèbres des montagnes (et j'en passe) sont en augmentation – dans le même temps, les revenus touristiques sont en croissance et les conditions de vie des citoyens les plus pauvres s'améliorent.

Voilà un excellent exemple de développement durable, de mouvement vers la durabilité : un changement rapide et à grande échelle qui déclenche des impacts positifs à chacun des points cardinaux de notre boussole. La nature guérit ses plaies. L'économie se met en branle. Le tissu social s'enrichit. Et le bien-être des gens s'améliore nettement.

Et toute cette histoire était pour moi totalement invisible, quelques semaines avant d'écrire ce livre (merci, Keith Sproule !).

Vous connaissiez peut-être cette histoire namibienne, ou pas.

En tout cas, je suis prêt à relever le pari qu'il existe des milliers d'autres histoires durables de ce type partout dans le monde, y compris autour de vous, que vous ne connaissez pas encore.

Et si vous découvrez l'une d'entre elles, vous serez ravi de la partager (comme j'ai pu le faire avec celle de la Namibie), d'autant que cela permet de cultiver l'espoir et d'inspirer l'action.

Pour vous donner envie de partir à la découverte de la « durabilité invisible », voici un petit espace vide en bas de page. Allez faire un tour. Tombez sur une belle histoire de durabilité que vous ne connaissiez pas encore, et dont trop peu de gens parlent.

Ensuite, résumez-la, juste en dessous. Rendez-visible l'invisible.

*

La durabilité est là ...
si vous savez
comment la ·.·:··:··:···

Quelques points de vigilance

Lors d'une soirée, les invités se laissent parfois un peu aller, et c'est l'occasion pour certains de faire quelques confidences sur des sujets qu'ils n'auraient pas abordés dans un cadre plus conventionnel. Allons-y, c'est le moment.

J'avais promis de formuler quelques regrets et souligner quelques mises en garde, concernant le travail sur la durabilité. Les voici, et ils ne sont pas très nombreux. Je voudrais mettre trois d'entre eux en lumière. Ils m'ont servi de leçon.

Tout d'abord, je regrette les moments où j'emportais ma guitare en déplacement professionnel, et que celle-ci ne sortait pas de son étui. J'avais dû regarder un mauvais film dans ma chambre d'hôtel au lieu de jouer un peu de musique – ce qui, comme expliqué récemment, produit sur moi un effet dopant ou calmant, selon l'humeur.

Je ne suis pas en train de dire que vous devriez vous mettre à la guitare. Pour moi, ce regret est profondément symbolique, et il peut s'appliquer à chacun d'entre nous. Souvent, nous disposons de ce qui est essentiel pour nous. Là, à portée de main. Nous nous sentirions tellement mieux, ou nous serions tellement plus efficaces, si nous mettions tout simplement à profit les connaissances, les outils et les leçons tirées de nos expériences respectives, qui se trouvent à notre disposition. Tous ces éléments résonnent avec ma guitare : trop souvent, nous ne les sortons même pas de leur étui.

Ensuite, je voudrais évoquer un point de vigilance. Quelques rares fois dans ma vie professionnelle, je n'ai pas vu venir des jeux de pouvoir ou des tentatives de sabotage, avant d'être heurté de plein fouet. Quand de telles situations vous arrivent – quand vous démêlez enfin les fils de l'intrigue, que vous identifiez les responsables qui ont œuvré en coulisse pour faire couler vos projets – il est trop tard. Vous êtes pris dans un maelström de causes et d'effets, et bien souvent le volet émotionnel de l'affaire, ne serait-ce que celui-là, semble déjà insurmontable à franchir.

Cela se termine rarement bien.

Mais il y a des moyens pour se prémunir de ces situations avant qu'elles ne vous frappent ; on les comprend en prenant du recul, bien sûr, mais on peut aussi apprendre à identifier les signes avant-coureurs, par anticipation. Et quand vous détectez ces signaux avec un peu d'avance, vous pouvez d'abord gérer vos émotions, puis les mettre de côté, réfléchir de manière stratégique mais aussi avec compassion, et enfin trouver le moyen d'éviter la tempête avant qu'elle ne s'abatte. Au moins, vous pouvez tenter. (Ce type d'expérience explique, entre autres, la raison pour laquelle j'ai consacré plusieurs pages sur la capacité à identifier les jeux de pouvoir dans mon livre « *La Transformation Durable* » — *livre publié en anglais en 2010 sous le titre « The Sustainability Transformation*).

Enfin, plus je prends de l'âge, et plus je regrette ces moments où je me sentais obligé d'exclure de la conversation ou de la démarche – à cause de restrictions ou de contraintes diverses, dans des contextes particuliers – des personnes tout à fait remarquables. Ne vous méprenez pas : dans certains cas, il est nécessaire de fixer un nombre de places limitées pour tel ou tel événement, sinon la dynamique de la réunion ne fonctionne plus en comité trop élargi. Et dans d'autres cas, vous devez évidemment être discret ou respecter les règles de confidentialité. Mais bien souvent, ces limites pressenties sont tout simplement illusoires. Je me souviens régulièrement de la leçon tirée de mon premier projet collaboratif, « *Seattle, ville durable : l'inclusion stimule la créativité* » (en anglais, « *Sustainable Seattle : inclusion breeds creativity* »). Dans le processus de concertation, déroulé il y a vingt ans, les meilleures idées avaient été proposées par les plus jeunes participants, qui n'avaient pas de fonction ou de titre honorifique particulier – mis à part celui « d'étudiant[11] ».

Je voudrais donc vous adresser ce message, tout particulièrement :

Sortez la guitare de son étui (ou un équivalent, quel qu'il soit), et jouez-en.

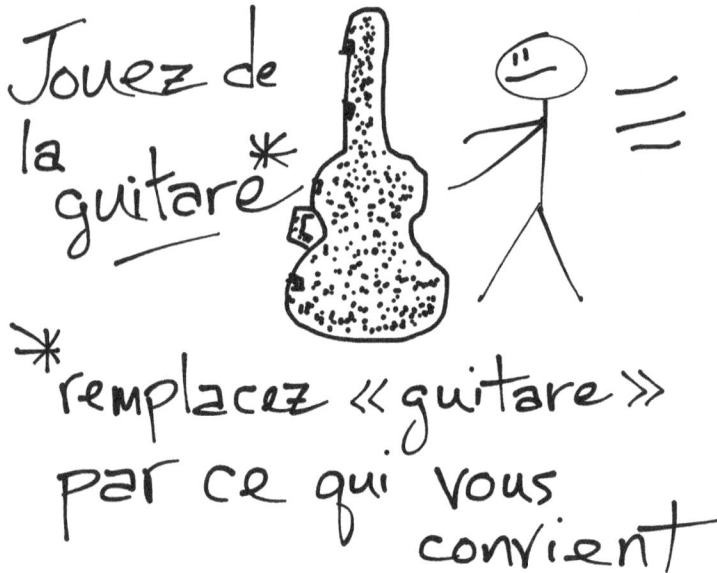

Ne soyez pas naïf, certains ont vraiment l'intention de faire capoter vos plans. Soyez vigilant, sans tomber dans la paranoïa.

---

[11] Sustainable Seattle fut une initiative volontaire co-fondée en 1991 par mes soins, avec quelques amis. Ensemble, nous avons créé les premiers jeux d'indicateurs pour une ville durable, via une démarche de concertation élargie. Sustainable Seattle fut identifiée comme une « bonne pratique » par les Nations Unies puis utilisée comme un modèle de référence et répliquée par beaucoup d'autres villes dans le monde entier. Je suis toujours ravi de repenser à la façon dont plusieurs étudiants avaient contribué au projet.

Et autant que possible, malgré ce que je viens d'énoncer à propos de certaines personnes mal intentionnées...laissez les gens entrer. Laissez-les participer. Laissez-les créer, contribuer, collaborer.

La durabilité est l'affaire de tous.

*

Travailler sur la durabilité, à l'avenir

Un jour, nous pourrons arrêter de travailler sur la durabilité dans la mesure où celle-ci sera pleinement et automatiquement intégrée dans quasiment tous les aspects de nos économies, de nos sociétés, de nos technologies et de nos vies personnelles.

L'emploi du « nous » fait référence à l'humanité en des termes très génériques. Il ne fait probablement pas référence à nous, ici et maintenant.

Je suis consultant en durabilité depuis 25 ans. Je pense pouvoir continuer à consulter, d'une manière ou d'une autre, pendant un certain temps encore...et probablement jusqu'à mon dernier souffle. L'étymologie latine de consulter signifie « considérer les choses avec soin ». En discuter. En parler.

A l'avenir, nous allons devoir encore en parler pendant plusieurs décennies, de cette durabilité – que l'on utilise ce mot ou un autre. Vu sous l'angle des problématiques, on va devoir s'adapter aux changements climatiques, gérer la pénurie de ressources et jongler avec des défis permanents pour préserver l'intégrité écologique de notre planète. Les décennies à venir seront riches de transitions démographiques dans un monde où les pays développés ont une population vieillissante, alors que les jeunes sont majoritaires dans les pays émergents. Il y a cette menace omniprésente d'une escalade de conflits qui pourrait dégénérer en guerre généralisée, et qui exigera toujours plus de vigilance, de diplomatie et d'action préventive, dans un monde toujours plus peuplé. Et il y a cette équation qui persiste, et qui consiste à rendre les gens heureux et satisfaits de leur propre vie sans compromettre le miracle de la vie sur cette planète.

Vu sous l'angle des solutions, il existe tant d'innovations à répliquer, tant de projets pilotes à déployer, tant d'industries en quête de transformation et tant d'histoires de « durabilité invisible » à découvrir – ou à créer – puis à diffuser partout.

Il reste encore tellement à faire que toute personne qui choisit de consacrer une part de son temps aux questions liées à la durabilité risque d'être occupée pendant un long moment.

Et plus important encore, il reste tant à faire, pour ceux d'entre nous qui se considèrent comme des « professionnels » de la durabilité, que nous ne devons pas espérer le faire par nous-mêmes. Nous devons recruter d'autres personnes. *Beaucoup* d'autres. Dans toutes les professions, dans tous les domaines.

Oui, nous aurons certainement besoin de professionnels en renfort. Mais nous aurons aussi besoin d'innombrables « amateurs » de la durabilité, des gens qui facilitent la sensibilisation et l'action, quel que soit leur poste, simplement parce qu'ils ont conscience de l'enjeu.

Le travail des professionnels de la durabilité sera-t-il différent à l'avenir ? Bien sûr. Si je regarde en arrière (depuis mes débuts en 1988), je suis étonné de voir tout ce qui a changé. Le lien entre la durabilité et la conduite du changement n'existait pas encore (d'ailleurs, je suis ravi d'avoir pu introduire ce concept « d'agent du changement vers la durabilité »). « L'éducation au développement durable » se limitait à « l'éducation à l'environnement ». Les publications extra-financières des entreprises n'avaient pas encore débuté. Il n'y avait pas encore de normes, de lignes directrices, de « limites planétaires » clairement définies et mises à la disposition de tous. Les programmes d'études supérieures en développement durable, les formations certifiantes, les formations professionnelles n'existaient pas encore. Et bien sûr, les Objectifs de Développement Durable n'avaient pas encore été approuvés par les Nations Unies.

Désormais nous disposons de centaines, voire de milliers d'outils, de concepts, de programmes liés à la durabilité. De plus en plus d'outils et de concepts très utiles sont développés chaque année. Et des milliers de jeunes professionnels de la durabilité, bien formés et compétents, arrivent chaque année sur le marché du travail pour accélérer le processus de changement et de transformation.

Tous ces éléments créent les conditions d'une nouvelle façon de travailler dans le domaine de la durabilité. Dans un avenir proche et prévisible – même si, bien sûr, le propre de l'avenir est d'être imprévisible – je pense que l'essentiel du travail consistera à déployer, approfondir, élargir, impliquer, inclure et intégrer ces questions de durabilité.

Bien sûr, l'aspect technique continuera à progresser. Nous avons besoin des bons outils et des bonnes pratiques. Mais le véritable défi consistera à toucher un maximum de personnes, et à les impliquer dans la vision, la planification et la mise en œuvre de la transformation.

Le vrai défi qui nous attend est de rendre la durabilité moins spécifique, moins différente. Plus normale, plus naturelle. Y compris quelque chose qui puisse nous permettre d'organiser des soirées ! Tout cela est déjà en marche, mais nous devons le faire plus rapidement, aussi vite que possible. C'est pourquoi j'adopte désormais ce nouveau slogan, je le partage avec vous, et je serais ravi que l'on y réfléchisse ensemble.

Parlons-en, de ce slogan – de ce qu'il signifie, de ce qu'il suggère sur nos actions à mener, pour que cette nécessaire transformation se fasse plus rapidement.

La durabilité est l'affaire de tous.

*

Voulez-vous continuer la conversation?

N'hésitez pas à visiter le blog :

http://AlanAtKisson.com

Ou les réseaux sociaux :

http://facebook.com/AlanAtKissonPublic

http://twitter.com/alanatkisson

@alanatkisson

Ou les réseaux sociaux du traducteur :

https://www.linkedin.com/company/cabinet-espere/

http://twitter.com/cabinetespere

https://www.cabinet-espere.fr/

A propos de l'auteur

Alan AtKisson est diplômé en philosophie, sciences et sciences humaines de l'Université de Tulane à la Nouvelle-Orléans, aux États-Unis, et de l'Université d'Oxford en Angleterre. Il a travaillé dans plus de 50 pays et a conseillé de nombreuses entreprises, gouvernements ainsi que des instances de l'ONU..
Après avoir lancé et animé un réseau international d'experts en développement durable (AtKisson Group), publié plusieurs livres (*Believing Cassandra*, *The Sustainability Transformation*), et occupé plusieurs autres postes de direction (président du Groupe Balaton et directeur exécutif de Earth Charter Initiative, entre autres), Alan AtKisson a été nommé au Sustainability Hall of Fame en 2013 par l'International Society of Sustainability Professionals. Depuis 2018, il dirige un département de Agence suédoise de développement et coopération internationale (SIDA). Il habite à Stockholm.

www.ingramcontent.com/pod-product-compliance
Lightning Source LLC
Chambersburg PA
CBHW070947210326
41520CB00021B/7088